Trainingsplanung für eine 25-jährige männliche Person

Bibliografische Information der Deutschen Nationalbibliothek:

Die Deutsche Nationalbibliothek verzeichnet diese Publikation in der Deutschen Nationalbibliografie; detaillierte bibliografische Daten sind im Internet über http://dnb.d-nb.de abrufbar.

ISBN: 9783346869579
Dieses Buch ist auch als E-Book erhältlich.

© GRIN Publishing GmbH
Trappentreustraße 1
80339 München

Druck und Bindung: Books on Demand GmbH, Norderstedt Germany
Gedruckt auf säurefreiem Papier aus verantwortungsvollen Quellen

Das Buch bei GRIN: https://www.grin.com/document/1354990

Deutsche Hochschule für
Prävention und Gesundheitsmanagement
Hermann Neuberger Sportschule 3
66123 Saarbrücken

Einsendeaufgabe

Fachmodul: Trainingslehre 2

Studiengang: Fitnessökonomie

Inhaltsverzeichnis

1 Lösung Aufgabe 1 – Diagnose

1.1 Lösung Teilaufgabe 1.1 Allgemeine und biometrische Daten

Tab. 1: Allgemeine und biometrische Daten (eigene Darstellung)

Allgemeine Daten		
Alter	25	
Geschlecht	Männlich	
Körpergröße	179cm	
Körpergewicht	82KG	
Trainingsmotiv	Fitness Verbessern und Vorbildfunktion im Beruf sein	
Berufliche Aktivität	Physiotherapeut	
Frühere sportliche Aktivität	2x/Woche Tennis im Verein (Amateur), 3-4x wöchentliches Lauftraining (Gesundheitssportler)	
Aktuelle sportliche Aktivität	2-3x pro Woche Krafttraining ohne Plan; Lauftraining gelegentlich (2-3x pro Monat)	
Zeitlicher Verfügungsrahmen	7 Tage die Woche	
Biometrische Daten		
Blutdruck	Normalblutdruck: Alle Werte zwischen <120mmHg-139mmHg Systole und <80mmHg-89mmHg Diastole (Mancia et al., 2013, S.1286)	Blutdruck des Kunden: 128mmHG/78mmHG
Ruhepuls	Ca. 65 Schläge/Minute	
Allgemeiner Gesundheitszustand	Guter Gesundheitszustand, keinerlei Einschränkungen	
Belastbarkeit/Trainierbarkeit der Person	Die Person ist aufgrund ihrer sportlichen Vorerfahrung im Jugendalter und auch aufgrund ihres sonst ausgezeichneten Gesundheitszustandes sehr gut belastbar.	

1.2 Lösung Teilaufgabe 1.2 Leistungsdiagnostik/Ausdauertestung

Als Leistungstest wurde sich hier für den Stufentest bzw. Rampentest, mit dem Belastungsschema nach Hollmann & Venrath auf dem Fahrradergometer entschieden. Bei diesem Schema erfolgt alle 3 Minuten eine Belastungssteigerung um 40 Watt. (Eifler & Kettenis, 2020, S.69)

Dieses Schema und die damit einhergehende Intensitätssteigerung trifft besser auf das Leistungsniveau des Kunden zu und fordert ihn somit besser als beispielsweise das Belastungsschema nach der WHO, bei welchem sich die Intensität alle 2 Minuten um lediglich 25 Watt steigert. (Eifler & Kettenis, 2020, S.66-67)

Die Intensitätssteigerung erfolgt beim H & V Schema deshalb in 3 Minuten Schritten, damit die Herzfrequenz des Kunden ausreichend Zeit hat sich zu stabilisieren und sich so auf der jeweiligen Stufe einpendeln kann, um so aussagekräftige Rückschlüsse auf die tatsächliche Leistungsfähigkeit treffen zu können. Des Weiteren wird darauf geachtet, dass die Umdrehungszahl stets bei 60-80 Umdrehungen pro Minuten liegt, da es sich beim H&V Schema um einen submaximalen Belastungstest handelt. Diese Belastungsform schützt den Kunden vor Überlastung, da nicht das komplette Belastungsniveau ausgeschöpft wird, wie es bei Maximalbelastungen der Fall wäre.

Empfehlungen zufolge eignet sich die H & V Methode für jede Person, die in der Lage ist Belastungen von mindestens 150 Watt auszuhalten. (Eifler & Kettenis, 2020, S.69) Laut den zuvor entnommenen Diagnosedaten ist dies definitiv realistisch. Die Pulsobergrenze für den Test berechnet sich mit der dafür vorgesehenen Formel der WHO. Hier wird das Lebensalter des zu Testenden von 180 subtrahiert. (Rost, 2002, S. 57) Man erhält so eine Pulsobergrenze von 155 Schlägen pro Minute. Als Normkriterien gelten die Richtwerte der Normtabelle für submaximale Fahrradergometertests. Diese Richtwerte geben die Relative Soll-Watt-Leistung im Verhältnis zu Watt pro Kilogramm Körpergewicht, für die jeweilige Alterspanne an. (IPN, 2004, S.8) Wie dem im nachfolgenden Protokoll zu entnehmen ist, wird jede Minute die Herzfrequenz gemessen und niedergeschrieben. Diese Messung erfolgt mit Hilfe eines Pulsgurtes, welcher die Herzfrequenz des Kunden auf dem Fahrradergometer misst. Die Steigerung der Wattanzahl erfolgt so lange, bis der Kunde die zuvor festgelegte Zielherzfrequenz von 155 Schlägen pro Minute erreicht hat. In der letzten Stufe fährt der Kunde nun bei 155 Schlägen pro Minute, 3 Minuten durchgehend weiter, woraufhin der Test schließlich beendet wird.

Tab. 2: Testrelevante Parameter für den Fahrradergometertest (eigene Darstellung)

Testrelevante Parameter für den Fahrradergometertest	
Testform	Submaximal
Stufendauer	3 Minuten
Eingangsbelastung	30 Watt
Belastungssteigerung	40 Watt
Trittfrequenz	60-80 Umdrehungen/Minute
Pulsobergrenze	155 Schläge/Minute
Abbruchgrenze	Bei Maximal 155-156 Schläge/Minute
Gewicht	82 KG
Ruhepuls	65 Schläge/Minute
Blutdruck	128mmHG/78mmHG
Alter	25
Anmerkungen	Der Kunde hat weder Koffein oder sonstige Stimulanzien vor Testbeginn konsumiert.

Tab. 3: Testprotokoll für den Fahrradergometertest (eigene Darstellung)

Testprotokoll für den Fahrradergometertest/Eingangstest				
Zeit/Min	Watt	HF1 (s/min)	HF2(s/min)	HF3(s/min)
0-3	30	80	86	91
3-6	70	96	100	105
6-9	110	112	119	123
9-12	150	125	131	138
12-15	190	143	145	153
15-18	230	153	154	155
Watt gesamt	230 Watt			
Watt/KG	2,8 W/KG			
Bewertung nach Normtabelle	Mit 2,8 W/Kg Über dem Durchschnittswert von 2,0 W/KG für die Altersspanne <30 Jahre (IPN, 2004, S.8)			

1.3 Lösung Teilaufgabe 1.3 Gesundheits- und Leistungsstatus der Person

Der Gesundheits- und Leistungszustand der Person im Hinblick auf ihre Belastbarkeit bzw. Trainierbarkeit zeigt nach Auswertung des in Aufgabe 1.2 protokollierten Testergebnisses, dass der Kunde mit seinen erbrachten Werten von 2,8 W/KG auf dem Fahrradergometer über dem Durchschnittswert von 2.0 W/KG liegt. Orientiert wurde sich an der bereits genannten Normtabelle für submaximale Fahrradergometertests.

Es gelang ihm seine zuvor berechnete Pulsobergrenze von 155 Schläge pro Minute nach 15 Minuten zu erreichen und sie dann 3 weitere Minuten ununterbrochen durchzufahren.

2 Lösung Aufgabe 2 – Zielsetzung/Prognose

Tab. 4: Zielsetzung des Kunden (eigene Darstellung)

Zielsetzung des Kunden		
Inhalt des Ziels	Ausmaß des Ziels	Zeitraum des Ziels
Ruhepuls senken (Gesundheitsbezogener Zielindikator)	Senkung um 4 Schläge pro Minute auf ca. 61 Schläge pro Minute (1/2 Schlag/min pro Woche)	8 Wochen
Grundlagenausdauer verbessern (Leistungsbezogener Zielindikator)	Die Wattleistung bzw. Geschwindigkeit auf dem Fahrradergometer um 0,4 W/KG auf 3,20 W/KG steigern, bei gleichbleibender Herzfrequenz zum vorherigen Test (21% Steigerung)	8 Wochen
Das optische Erscheinungsbild positiv beeinflussen (Gesundheitsbezogener Zielindikator)	Reduktion von reiner Fettmasse um 3 KG. (Kaloriendefizit von 375 Kcal/Tag)	8 Wochen

Den Ruhepuls um 6 Schläge/Minute zu senken ist ein realistisches Ziel für einen Zeitraum von 8 Wochen. Positive Anpassungseffekte von Ausdauertraining sind ein effizienter arbeitender Herzmuskel und damit einhergehend ein dauerhaft niedrigerer Ruhepuls. Da der Kunde erst mäßig trainiert ist, lässt dies noch viel Raum für Verbesserungen offen.

Das Ziel der Steigerung der Wattleistung geht mit einer progressiven Trainingsprogression einher und ist angesichts des Ausgangszustandes des Kunden ebenfalls mehr als realistisch.

Das dritte Ziel ist es, den Körperfettanteil des Kunden über den Trainingszeitraum zu reduzieren. Für 8 Wochen benötigt der Klient ein Kaloriendefizit von 21000Kcal. Rechnet man dies nun auf 8 Wochen bzw. 56 Tage um, so ergibt sich ein moderates und gut umsetzbares Kaloriendefizit von 375 Kcal pro Tag. Dies wird durch die zusätzlichen Trainingseinheiten gut erreichbar sein, ohne dass der Kunde seine Ernährung in großem Maße umstellen muss.

3 Lösung Aufgabe 3 – Trainingsplanung Mesozyklus

3.1 Lösung Teilaufgabe 3.1 Grobplanung Mesozyklus

Tab. 5: Grobplanung Mesozyklus (eigene Darstellung)

Grobplanung Mesozyklus	
Dauer des Mesozyklus	8 Wochen
Übergeordnetes Trainingsziel	Verbesserung der Grundlagenausdauer
Angestrebter wöchentlicher Trainingsumfang	Nicht mehr als 3 Stunden, mindestens aber 1 Stunden
Trainingsmethoden	Extensive Dauermethode: (Aufbau und erhalt der Grundlagenausdauer, gutes Anfänger- und Wiedereinsteigertraining)
	REKOM: (Regenerative Prozesse im Körper anregen sowie Unterstützung des Laktatabbaus)
	Variable Dauermethode: (Gutes Herz-Kreislauf-Training und Unterstützung bei der Reduktion des Körperfettanteils)
	Intensive Dauermethode: (Deutliche Verbesserung der Grundlagenausdauer und damit einhergehend bessere Wattleistung auf dem Fahrradergometertest)
Belastungsintensitäten	REKOM: 50-60% HFmax
	Extensive DM: 60-75% HFmax
	Variable DM: 70-85% HFmax
	Intensive DM: 80-85% HFmax
Trainingshäufigkeit pro Woche	2-4mal/Woche
Trainingsdauer pro Einheit	Extensiv: 40-85min
	Variable: 40-50min
	Intensiv: 30-45min
	REKOM: 30min
Trainingsgeräte	Laufband, Fahrradergometer

6

3.2 Lösung Teilaufgabe 3.2 Detailplanung Mesozyklus

Tab. 6: Detailplanung Mesozyklus (eigene Darstellung)

Woche 1	Mo	Fr	
Trainingsziel	GA1	GA1	
Trainingsmethode	Extensive Dauermethode	Extensive Dauermethode	
Trainingsintensität	70-75% HFmax	70-75% HFmax	
Herzfrequenzbereich in s/min	139-149	139-149	
Trainingsdauer/min	40min.	40min.	
Trainingsgerät/Bewegungsform	Laufband (Laufen)	Laufband (Laufen)	
Woche 2	**Mo**	**Mi**	**Fr**
Trainingsziel	GA1	GA1/2	GA1
Trainingsmethode	Extensive Dauermethode	Variable Dauermethode	Extensive Dauermethode
Trainingsintensität	70-75% HFmax	70-85% HFmax (70-75% HFmax extensiv) (75-85% HFmax intensiv) Verhältnis von: 50/50	50-60% HFmax
Herzfrequenzbereich in s/min	139-149	139-169	88-105
Trainingsdauer/min	45min	40min.	45min.
Trainingsgerät/Bewegungsform	Laufband (Laufen)	Laufband (Laufen)	Laufband (Laufen)
Woche 3	**Mo**	**Mi**	**Fr**
Trainingsziel	GA1	GA2	GA1
Trainingsmethode	Extensive Dauermethode	Intensive Dauermethode	Extensive Dauermethode
Trainingsintensität	70-75% HFmax	80-85% HFmax	70-75% HFmax
Herzfrequenzbereich in s/min	139-149	159-169	139-149
Woche 3	**Mo**	**Mi**	**Fr**
Trainingsdauer/min	60min	30min	60min

Trainingsgerät/Bewegungsform		Laufband (Laufen)	Laufband (Laufen)	Laufband (Laufen)
Woche 4		Mo	Mi	Fr
Trainingsziel		GA1	GA2	REKOM
Trainingsmethode		Extensive Dauermethode	Intensive Dauermethode	Regenerativen Prozesse anregen
Trainingsintensität		70-75% HFmax	80-85% HFmax	50-60% HFmax
Herzfrequenzbereich in s/min		139-149	159-169	88-105
Trainingsdauer/min		65min	35min	30min.
Trainingsgerät/Bewegungsform		Laufband (Laufen)	Laufband (Laufen)	Fahrradergometer

Woche 5	Mo	Di	Do	Fr
Trainingsziel	GA1	GA1/2	GA1	GA2
Trainingsmethode	Extensive Dauermethode	Variable Dauermethode	Extensive Dauermethode	Intensive Dauermethode
Trainingsintensität	70-75% HFmax	70-85% HFmax (70-75% HFmax extensiv) (75-85% HFmax intensiv) Verhältnis von 50/50	70-75% HFmax	80-85% HFmax
Herzfrequenzbereich in s/min	139-149	139-169	139-149	159-169
Trainingsdauer/min	60min	50min.	40min	30min
Trainingsgerät/Bewegungsform	Laufband (Laufen)	Laufband (Laufen)	Laufband (Laufen)	Laufband (Laufen)

Woche 6	Mo	Di	Do	Fr
Trainingsziel	GA1	GA2	GA1	GA2
Trainingsmethode	Extensive Dauermethode	Intensive Dauermethode	Extensive Dauermethode	Intensive Dauermethode
Woche 6	Mo	Di	Do	Fr
Trainingsintensität	70-75% HFmax	80-85% HFmax	70-75% HFmax	80-85% HFmax
Herzfrequenzbereich in s/min	139-149	159-169	139-149	159-169

Trainingsdauer/min	70min	35min	60min	45min
Trainingsgerät/Bewegungsform	Laufband (Laufen)	Laufband (Laufen)	Laufband (Laufen)	Laufband (Laufen)
Woche 7	Mo	Di	Do	Fr
Trainingsziel	GA1	GA2	GA1	GA2
Trainingsmethode	Extensive Dauermethode	Intensive Dauermethode	Extensive Dauermethode	Intensive Dauermethode
Trainingsintensität	70-75% HFmax	80-85% HFmax	70-75% HFmax	80-85% HFmax
Herzfrequenzbereich in s/min	139-149	159-169	139-149	159-169
Trainingsdauer/min	85min	45min	65min	45min
Trainingsgerät/Bewegungsform	Laufband (Laufen)	Laufband (Laufen)	Laufband (Laufen)	Laufband (Laufen)
Woche 8	Mo	Di	Do	Fr
Trainingsziel	GA1	GA2	GA1	REKOM
Trainingsmethode	Extensive Dauermethode	Intensive Dauermethode	Extensive Dauermethode	Regenerative Prozesse anregen
Trainingsintensität	70-75% HFmax	80-85% HFmax	70-75% HFmax	50-60% HFmax
Herzfrequenzbereich in s/min	139-149	159-169	139-149	88-105
Trainingsdauer/min	70min	35min	50min	30min.
Trainingsgerät/Bewegungsform	Laufband (Laufen)	Laufband (Laufen)	Laufband (Laufen)	Fahrradergometer

3.3 Lösung Teilaufgabe 3.3 Begründung zum Mesozyklus

Begründung zum angestrebten wöchentlichen Belastungsumfang

Der wöchentliche Belastungsumfang bzw. das Be- und Entlastungsverhältnis liegen hier bei einem Verhältnis von 3:1, womit der Kunde in dem achtwöchigem Trainingsplan somit zwei „Zyklen" durchläuft. In den Wochen 1-4 findet eine sukzessive Steigerung der Trainingsbelastung durch mehr Umfang, in Form von mehr Trainingstagen statt. Darauf folgen längere Trainingseinheiten und schließlich nehmen die Trainingseinheiten an Intensität zu. So wird sich in der zweiten Woche von zunächst zwei auf drei

9

Trainingstage gesteigert, und in der fünften Woche dann auf vier Trainingseinheiten pro Woche.

In Woche vier findet dann eine Entlastungswoche statt, um dem Körper zum einen genügend Zeit zur Regeneration zu bieten und um die Grundlagenausdauer stabilisieren zu können. Diese bewusste Einteilung von Regenerationsphasen hilft dabei, die Trainingsbelastung besser zu verarbeiten und die Zeit auf die nächste intensive Trainingseinheit zu verkürzen. Beck (2015, S.90) Die Wochen 5-7 verlaufen ähnlich wie die Wochen 1-4 nur, dass hier nun mit einem höheren Ausgangsniveau gestartet werden kann, da in den ersten vier Wochen bereits eine erfolgreiche Progression geschaffen wurde. Zudem wird sichergestellt, dass nach einer intensiveren Einheit in höheren Herzfrequenzbereichen mindestens zwei Ruhetage folgen, um dem Körper genügend Zeit zur Regeneration zu bieten. Bei Läufen in niedrigeren Herzfrequenzbereichen wurde je ein, bis kein Ruhetag eingeplant, da hier keine bedeutenden regenerativen Prozesse im Körper anfallen.

Begründung zu den ausgewählten Trainingsmethoden

Wie man bereits der Grobplanung des Mesozyklus entnehmen konnte wurde bei der Trainingsplanung der Fokus auf die Grundlagenausdauer gelegt. Den Aufbau dieser, für spätere Leistungssteigerungen, fundamentalen Grundlagenausdauer wird mittels Training durch die Dauermethode, in verschiedenen Variationen, erreicht. Die Dauermethode ist die „grundlegende Methode zur Verbesserung der Ausdauerfähigkeit" und die „Grundlage für Ausdauer, Stoffwechsel und Fettverbrennung". (Beck, 2015, S.88)

Im Verbund mit primärem Einsatz der extensiven Dauermethode wird mit vereinzelten regenerativen Einheiten dabei geholfen, die Körpereigene aerobe Kapazität zu erhöhen und somit dem Aufbau- und Erhalt der Grundlagenausdauer zu dienen. Diese Methode ist ideal für (Wieder-)Einsteiger im Ausdauersport, da hier in einem relativ niedrigen Intensitätsbereich trainiert wird. Für das Training bei der extensiven Dauermethode gibt die Trainingsdauer den ausschlaggebenden Trainingsreiz. Hier sind relativ hohe Belastungsumfänge notwendig, um zur Ökonomisierung des Herz-Kreislauf-Systems beizutragen. (Zintl & Eisenhut, 2001) Die Variable Dauermethode wurde gewählt, um ebenfalls die Grundlagenausdauer weiter auszubauen. Da bei dieser Methode des Trainings, nah am, oder sogar im anaeroben Bereich, bei 75-85% der maximalen Herzfrequenz trainiert wird, ist es zum einen ein sehr effektives Herz-Kreislauf Training, zum anderen aber auch gut, um auf effektive Art und Weise ein Kaloriendefizit zu schaffen. Dies unterstützt den Kunden bei seinem Ziel der Körperfettreduktion. (Bryner et al., 1997)

Das Training im anaeroben Bereich (GA2-Training) mittels der intensiven Dauerme-thode und teilweise auch mittels der variablen Dauermethode wurde gewählt, um die Grundlagenausdauer entscheidend weiterzuentwickeln und somit auch die VO2max zu verbessern. Training im anaeroben Bereich ist konkreter Einflussfaktor auf die Leis-tungssteigerung, da durch regelmäßiges Training in diesem Bereich auch eine höhere Laktattoleranz aufgebaut wird, beeinflusst aber bspw. Den Fettstoffwechsel in geringe-rem Ausmaß als es Training im aeroben Bereich tut. (Zintl & Eisenhut, 2001) Training im anaeroben Bereich ist gerade dann von großer Bedeutung, wenn Wettkämpfe und damit einhergehend eine Steigerung der Wattleistung, das Ziel sind und weniger die reinen gesundheitspositiven Effekte wie ein verbesserter Fettstoffwechsel. Zusammen-fassend lässt sich sagen, dass bei der Auswahl der Trainingsmethoden Wert auf eine abwechslungsreiche Mischung aller Trainingsmethoden gelegt wurde, wobei stets die Trainingsprinzipien und Ziele des Kunden im Mittelpunkt stehen.

Begründung zur Belastungsprogression

Die Progression, die durch den gesamten Mesozyklus hinweg erfolgt, basiert auf dem Prinzip der progressiven Belastungssteigerung, welches besagt, dass zunächst häufiger, dann länger und letztendlich intensiver trainiert werden soll. (Gumpert & Kasprak, 2020) So sieht man, dass zunächst die Trainingstage von zwei auf drei und später dann von drei auf vier erhöht worden sind. Die Belastungsumfänge wurden leicht versetzt, mit den bereits erhöhten Trainingstagen von Einheit zu Einheit gesteigert. Damit über die acht Wochen eine konstante Progression vorherrscht und da gerade erst über länger andauernde Trainingseinheiten im aeroben Bereich die Grundlagenausdauer stabilisiert werden kann, sind diese höheren Umfänge zwingend notwendig. Eine Ausnahme stellt hier die vierte und achte Woche dar, da es sich hier um Entlastungswochen handelt. So wurde hier der Gesamtumfang, in Minuten um ca. 20% zur vorherigen Woche reduziert, das Verhältnis bzw. die Trainingsproportion der einzelnen Trainingsmethoden zueinan-der, ist aber in diesen Wochen konstant geblieben. Was die Intensität der Trainingsein-heiten betrifft, wurde sich ebenfalls sukzessive gesteigert. So wurde mit ausschließlich der extensiven Dauermethoden gestartet, um den Kunden eine Basis in Form von Grundlagenausdauer schaffen zu lassen. In der zweiten Woche erfolgt dann eine Inten-sitätssteigerung zur variablen Dauermethode, (GA1/2) um den Kunden zum einen an die höheren Herzfrequenzbereiche zu gewöhnen und um seinen Körper somit auch dabei zu unterstützen von aerober zu anaerober Energiebereitstellung umzustellen bzw. ökono-mischer damit umzugehen (Zintl & Eisenhut, 2001) Da diese Methode im Herzfrequenzbereich zwischen 70-85% der Maximalen Herzfrequenz liegt, eignet sie sich ideal als Übergang zum reinen anaeroben Training im GA2 Bereich. Gegen Ende des Mesozyklus wird dann vermehrt die Intensive Dauermethode bei 80-85% der maximalen Herzfrequenz verwendet, um die gewünschte Leistungssteigerung sicherzustellen und somit das Ziel der Wattsteigerung auf dem Fahrradergometer realisierbar zu machen. Die regenerativen Maßnahmen werden zeitgleich mit der deload Woche eingeplant, um den Körper, basierend auf dem Prinzip der Superkompensation, in dieser Woche die Ruhe zu bieten welche er benötigt.

Tab. 7: Trainingsproportionen Mesozyklus (eigene Darstellung)

Wochen	Wöchentlicher Ge-samtumfang in Minu-ten	GA1	GA2	REKOM
Woche 1	80(100%)	80(100%)	/	/
Woche 2	130(100%)	110(85%)	20(15%)	/
Woche 3	150(100%)	120(80%)	30(20%)	/
Woche 4	130(100%)	65(50%)	35(27%)	30(23%)
Woche 5	180(100%)	125(69%)	55(31%)	/
Wochen	Wöchentlicher Ge-samtumfang in Minu-ten	GA1	GA2	REKOM
Woche 6	210(100%)	130(62%)	80(38%)	/
Woche 7	240(100%)	150(63%)	90(37%)	/
Woche 8	185(100%)	120(65%)	35(19%)	30(16%)
Gesamtumfang	1305	900(68,9%)	345(26,4%)	60(4,6%)

Begründung zu den angesteuerten Trainingsbereichen

Die angestrebten Pulszonen liegen der „Altersformel" bzw. der „Prozent von HFmax Formel" oder auch „ACSM-Formel" des American College of Sports Medicine zu Grunde. Für das Lauftraining wird die maximale Herzfrequenz berechnet, indem man das Lebensalter des zu Testenden von 220 subtrahiert. (ACSM, 1998, S.975) In diesem Fall wären das 199 S/Min. (+/- 10-12 s/min). Für das Fahrradfahren subtrahiert man das Lebensalter von 200 und erhält somit eine maximale Herzfrequenz von 175 s/min (+/- 12 S/min). (ACSM, 1998, S.975)

Mittels dieser Formel und den daraus resultierenden Maximalpulswerten, lässt sich nun die Trainingsherzfrequenz berechnen, indem man die maximale Herzfrequenz mit der gewünschten Trainingsintensität, in Prozent multipliziert (ACSM, 2006, S. 341) Wie in den vorherigen Abschnitten bereits beschrieben, wurde darauf geachtet, dass das Training überwiegend im submaximalen Trainingsbereich bei 70-75% der maximalen Herzfrequenz stattfindet. In diesem Bereich ist die Laktatproduktion geringer oder gleich der Laktatelimination. Laut ACSM liegt der optimale Bereich zur Entwicklung einer kardiovaskulären Fitness zwischen 60-90% der HFmax wobei eine Belastungsintensität von 60-65% als Minimum gilt, um einen positiven Anpassungseffekt bzw. einen überschwelligen Belastungsreiz zu setzen. (ACSM, 1998, S. 975) Letzteres besagt auch das Trainingsprinzip des Trainingswirksamen Reizes. Die GA 2 Trainingseinheiten die bei einer Intensität von 75-85% der HFmax stattfinden, dienen zum einen dem Aufbau der Laktattoleranz und zum anderen tragen sie einen großen Teil zur Verbesserung der Ausdauerleistung bei. Die Laktatproduktion ist hier höher als die Laktatelimination, weswegen Laktat als Stoffwechselprodukt anfällt.

In den folgenden Tabellen sind die sportartspezifischen Pulszonen aufgelistet.

Tab. 8: Herzfrequenzbereiche Lauftraining (eigene Darstellung)

Herzfrequenzzonen Laufen	
100%	199 s/min
85%	169 s/min
80%	159 s/min
75%	149 s/min
70%	139 s/min
65%	129 s/min
60%	119 s/min
55%	109 s/min

Tab. 9: Herzfrequenzbereiche Fahrradergometer (eigene Darstellung)

Herzfrequenzzonen Fahrradergometer	
100%	175 s/min
85%	148 s/min
80%	140 s/min
75%	131 s/min
70%	123 s/min
65%	114 s/min
60%	105 s/min
55%	96 s/min
50%	88 s/min

Begründung der ausgewählten Ausdauergeräte bzw. Bewegungsformen

Als Trainingsmethode wurde sich für das Lauftraining entschieden, da der Kunde weni-ge Jahre zuvor regelmäßig Lauftrainings absolvierte und immer noch große Freude da-ran empfindet. Laufen hat einen größeren Cardiopulmonaren Trainingseffekt als das Training auf dem Fahrradergometer, was dafür sorgt, dass mehr Kalorien verbrannt werden und der Kunde sein Kaloriendefizit einfacher erreicht. Für regenerative Einhei-ten wurde sich allerding auf das Fahrradergometer festgelegt, da dies eine deutlich ge-ringere Belastung für die Gelenke und Muskeln darstellt als die Druck- und Stoßbelas-tungen, die bei einer Laufeinheit der Fall sind. Darüber hinaus fördert eine adäquate aktive Regeneration, den Laktatabbau stärker als es bei passiven regenerationsmaßnah-men der Fall ist. (Hinzpeter, Zamorano , Cuzmar , Lopez , & Burboa , 2014)

4 Lösung Aufgabe 4 – Literaturrecherche: Effekte des Ausdauertrainings bei Übergewicht/Adipositas

Tab. 10: Effekte des Ausdauertrainings bei Übergewicht/Adipositas (eigene Darstellung)

Wer hat die Studie durchgeführt?	Marzena Ratajczak, Damian Skrypnik, Paweł, Bogdański, Edyta Mądry, Jarosław Walkowiak, Monika Szulińska, Janusz Maciaszek, Matylda Kręgielska-Narożna & Joan-na Karolkiewicz
In welchem Jahr wurde die Studie publiziert?	2019
Welche Forschungsfrage wurde untersucht?	Welche Effekte herkömmliches Ausdauertraining im Vergleich zu einem Ausdauer-Krafttraining-Mix auf die Endothelfunktion sowie den Fettstoffwechsel und das Risiko auf Arteriosklerose, bei adipösen Frauen hat.
Mit welchen Versuchspersonen wurde die Studie durchgeführt?	Mit 39 fettleibigen Frauen zwischen 28 und 62 Jahren
Wie sah der Versuchsaufbau der Studie aus?	In einem zufälligen Versuch wurden 39 fettleibige Frauen zwischen 28 und 62 Jahren in zwei Gruppen aufgeteilt. Die Ausdauergruppe hatte 22 Teilnehmerinnen welche bei 60-80% ihrer HFmax lediglich Ausdauertraining ab-solvierten. Die Ausdauer-Krafttraining-Gruppe hatte 17 Teilnehmerinnen welche zuerst 20 Minuten Krafttraining bei 50-60% ihres 1 RM absolvierten und anschließend 25 Minuten Ausdauertraining bei 60-80% ihrer HFmax ab-solvierten. Vor und nach dem Training wurden sämtliche gesundheit-liche Daten entnommen und miteinander verglichen.
Welche relevanten Ergebnisse und Schlussfolgerun-gen liefert die Studie?	Weder vor noch nach den Trainingsprogrammen konnte man signifikante Unterschiede zwischen den Gruppen feststellen, dennoch gab es Veränderungen. Nach den Trainingseinheiten stieg in beiden Gruppen das Gesamt-Cholesterol sowie die Gesamtkörper-Skeletmuskelmasse

	leicht an. In der Ausdauer-Krafttraining-Gruppe sank u.a. der Wert auf dem Viszeralen Adipositas Index (VAI), sowie die Werte auf dem Artherogenen Index (AIP) und damit einhergehend das LDL-Cholesterol ab, was auf ein vermindertes Risiko für kardiovaskuläre Krankheiten deuten lässt. In der Ausdauergruppe nahm die Theobarbitursäure-Konzentration (TBARS) leicht ab während das HDL-Cholesterol sowie die endotheliale Stickstoffmonoxid-Synthase (eNOS) Aktivität zunahm. Beide Trainingsarten führten zu einer Verbesserung des Fettstoffwechsels. Bei der Gruppe, die allerdings nur ihre Ausdauer trainierte, konnte zudem eine positivere Verbesserung der Endothelfunktion verzeichnet werden.

Tab. 11: Effekte des Ausdauertrainings bei Übergewicht/Adipositas (eigene Darstellung)

Wer hat die Studie durchgeführt?	Charlotte B Ingul, Katrin A Dias, Arnt E Tjonna, Turid Follestad, Mansoureh S Hosseini, Anita S Timilsina, Siri M Hollekim-Strand, Torstein B Ro, Peter S W Davies, Peter A Cain, Gary M Leong & Jeff S Coombes
In welchem Jahr wurde die Studie publiziert?	2018
Welche Forschungsfrage wurde untersucht?	Welche Effekte ein „High Intensitiy Interval Training" (HIIT Training) verglichen mit einem „Moderate Intensity Continuous Training" (MICT Training) verglichen mit einer alleinigen Ernährungsberatung auf die Herzfunktion von übergewichtigen Kindern hat.
Mit welchen Versuchspersonen wurde die Studie durchgeführt?	Mit 99 übergewichtigen Kindern
Wie sah der Versuchsaufbau der Studie aus?	99 Übergewichtige Kinder wurden einem zufälligen 12-wöchigen Trainingsprogramm unterzogen. Gruppe 1 ist die HIIT Gruppe die jeweils 4x4 Minuten bei 85-95% ihrer HFmax ein Lauftraining absolvierten. Dies taten sie 3x pro Woche und sie bekamen zusätzlich dazu Ernährungstipps. Gruppe 2 ist die MICT Gruppe die 3x pro Woche, jeweils 44 Minuten bei 60-70% ihrer HFmax ein Lauftraining absolvierten und ebenfalls zusätzlich Ernährungstipps bekommen haben. Gruppe 3 war die Gruppe die ausschließlich Ernährungstipps bekommen hat.
Welche relevanten Ergebnisse und Schlussfolgerungen liefert die Studie?	Die Gruppe die 12 Wochen HIIT absolvierte erbrachte den gleichen Effekt wie die Gruppe die 12 Wochen Ausdauertraining bei konstanter, moderater Herzfrequenz im Bezug auf die Herzleistung, absolvierten. (linker Ventrikel) Gruppe 1 und 2 erzielten aber beide deutlich mehr positivere Anpassungseffekte für die Herzgesundheit als die Gruppe welche lediglich durch eine Ernährungsberatung betreut worden ist.

5   Literaturverzeichnis

American College of Sports Medicine. (1998). The recommended quantity and quality of exercise for developing and maintaining cardiorespiratory and muscular fitness, and flexibility in healthy adults. Medicine and science in sports and exercise, 30 (6), 975- 991.

American College of Sports Medicine. (2006). ACSM's Guidelines for Exercise Testing and Prescription. ACSM's Guidelines for Exercise Testing and Prescription (7. Aufl.). Philadelphia: Williams & Wilkins.

Beck, H. (2015). Das große Buch vom Marathon. Lauftraining mit System. (8. überarb. Aufl.). München: Copress Verlag S.88

Beck, H. (2015). Das große Buch vom Marathon. Lauftraining mit System. (8. überarb. Aufl.). München: Copress Verlag S.90

Bryner, R. W., Toffle, R. C., Ullrish, I. H. & Yeater, R. A. (1997). The effects of exercise intensity on body composition, weight loss and dietary composition in women. Journal of the American College of Nutrition, 16 (1), 68–73.

Eifler, C. & Kettenis, L. (2020). Studienbrief Trainingslehre II – Gesundheitsorientiertes Krafttraining (rev.23.040.000). Saarbrücken: Deutsche Hochschule für Prävention und Gesundheitsmanagement.

Gumpert, E. & Kasprak, T. (2020). Prinzip der progressiven Belastung. (Zugriff am 14.11.2020)   Verfügbar   unter https://www.drgumpert.de/html/trainingsprinzip_progressive_belastung.html

Hinzpeter J., Zamorano A., Cuzmar D., Lopez M., & Burboa J. (2014). Effect of active versus passive recovery on performance during intrameet swimming competition. *Sports   Health*.   (Zugriff   am   18.11.2020).   Verfügbar   unter https://www.ncbi.nlm.nih.gov/pmc/articles/PMC3931336/

Ingul B, C., Dias A, K., Tjonna E, A., Follestad, T., Hosseini S, M. & Timilsina S, A et al. (2018). Effect of High Intensity Interval Training on Cardiac Function in Children with Obesity: A Randomised Controlled Trial. (Zugriff am 13.11.2020). Verfügbar unter https://pubmed.ncbi.nlm.nih.gov/29452134/

Institut für Prävention und Nachsorge. (2004). IPN-Test® – Ausdauertest für den Fitness- und Gesundheitssport. Köln: Institut für Prävention und Nachsorge (IPN).

Mancia, G., Fagard, R., Narkiewicz, K., Redòn, J., Zanchetti, A., Böhm, M. et al. (2013). 2013 ESH/ESC Guidelines for the management of arterial hypertension. The task force for the management of arterial hypertension of the European Society of Hypertension (ESH) and of the European Society of Cardiology (ESC). Journal of hypertension, 31 (7), 1286.

Platen, P. (2002). Beurteilung der körperlichen Leistungsfähigkeit. In R. Rost (Hrsg.), Lehrbuch der Sportmedizin (S. 48–66). Köln: Deutscher Ärzte-Verlag.

Ratajczak, M., Skrypnik, D., Bogdański, P., Mądry, E., Walkowiak J. & Szulińska, M. et al. (2019). Effects of Endurance and Endurance–Strength Training on Endothelial Function in Women with Obesity: A Randomized Trial. (Zugriff am 12.11.2020). Verfügbar unter https://www.ncbi.nlm.nih.gov/pmc/articles/PMC6862069/

Zintl, F. & Eisenhut, A. (2001). Ausdauertraining. Grundlagen Methoden Trainingssteuerung. (5. überarb. Aufl.). München: BLV.

6 Abbildungs- und Tabellenverzeichnis

6.1 Tabellenverzeichnis

18